Kerstin Eichler



# Modeschmuck selbst modellieren

FALKEN

Bei FALKEN sind zum Thema Modeschmuck zahlreiche weitere Titel erschienen. Erkundigen Sie sich bei Ihrem Buchhändler oder in einem Perlen- oder Bastelladen in Ihrer Nähe.

CIP-Titelaufnahme der Deutschen Bibliothek

**Eichler, Kerstin:**
Modeschmuck: selbst modellieren / Kerstin Eichler. –
Niedernhausen/Ts.: FALKEN, 1990
(Schönes Hobby)
ISBN 3-8068-5196-4

ISBN 3 8068 5196 4


Titelbild und Fotos: ART tec, Photo-Design-Studio Gerhard Burock, Wiesbaden
Reinzeichnung des Vorlagebogens: Ulrike Hoffmann, Bodenheim
Layout: Design Christiane Rauert, Dortmund
Die Ratschläge in diesem Buch sind von der Autorin und vom Verlag sorgfältig erwogen und geprüft, dennoch kann eine Garantie nicht übernommen werden. Eine Haftung der Autorin bzw. des Verlages und seiner Beauftragten für Personen-, Sach- und Vermögensschäden ist ausgeschlossen.
Satz: Dinges+Frick, Wiesbaden
Druck: Mairs Graphische Betriebe GmbH, Ostfildern (Kemnat)

817 2635 4453 6271

# INHALT

Material und Werkzeug 4

Schmuckherstellung 8

Schmuckkästchen 18

**Ein dreiteiliges Set, kreiert aus weißer Knetmasse. Rote Glassteine, kleine Uhrwerkteile und Perlen setzen besondere Akzente**

# MATERIAL UND WERKZEUG

## KNETMASSE

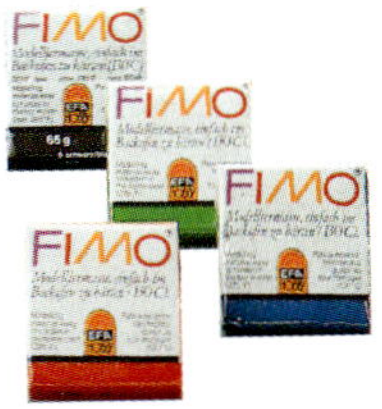


Alle Schmuckstücke, die in diesem Buch gezeigt werden, wurden aus einer leicht zu verarbeitenden Knetmasse (Fimo) hergestellt. Die Knetmasse ist in fast allen Bastelläden und den Fachabteilungen der Warenhäuser erhältlich. Sie wird in 65g-Päckchen, teilweise aber auch schon in größeren Verpackungseinheiten angeboten.
Vielfältig ist die Farbpalette, so daß die Farbauswahl oft gar nicht so leicht ist. Sollten Sie dennoch die gewünschte Farbe nicht im Angebot finden, können Sie sich die einzelnen Farbtöne oder -nuancen auch mischen. Durch leichtes Verkneten erhalten Sie eine marmorierte Knetmasse, die Mischfarbe ergibt sich, je länger Sie die Masse bearbeiten.
Möchten Sie, daß Ihr Schmuckobjekt glänzt, dann können Sie es, nachdem es abgekühlt ist, mit Deka-Hochglanzlack lackieren. Die verschiedenen Möglichkeiten der Farbgestaltung mit weiteren Deka-Lacken oder -Farbpulvern werden auf Seite 12 beschrieben.
Besonders wichtig für die Verarbeitung ist, daß Sie die Hinweise auf der Verpackung beachten. Die Härtetemperatur von 130 °C darf nicht überschritten werden (giftige Dampfentwicklung). Die Härtezeit beträgt je nach Dicke des erstellten Schmuckstücks 20 bis 30 Minuten. Oft genügt eine Backzeit von 20 Minuten, dann sollte das Objekt aber solange im Backofen bleiben, bis es vollständig abgekühlt ist.
Natürlich gibt es auch andere Knet- und Modelliermassen, die sich zur Schmuckgestaltung eignen. Probieren Sie die verschiedenen Angebote zunächst einmal aus und vergleichen Sie die Ergebnisse.

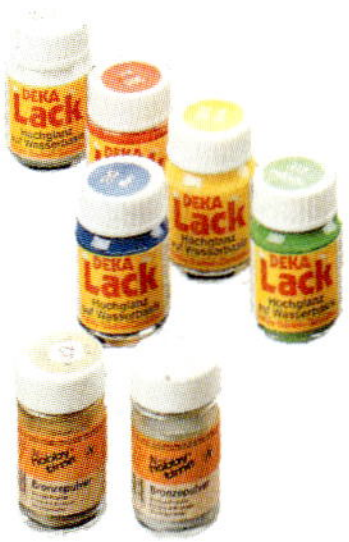


## ACCESSOIRES

Immer wieder neue Anregungen zur Schmuckherstellung erhalten Sie in gut sortierten Bastel- und Perlenläden durch das große Angebot an Accessoires. Der Phantasie sind bei der Zusammenstellung der Materialien keine Grenzen gesetzt. Auf der Abbildung sehen Sie folglich nur eine kleine Auswahl an möglichen Accessoires.
Bei den Schmuckstücken, die in diesem Buch vorgestellt werden, wurden überwiegend lose Straßsteine und einfache bunte oder irisierende Glassteine mit gewölbter oder geschliffener Oberfläche verarbeitet. Die Steine haben auf der Rückseite eine glatte Fläche und lassen sich deshalb leicht in

die Knetmasse drücken. Sie können aber auch nachträglich aufgeklebt werden. Für edlere Schmuckstücke eignen sich metallfarbene Kunststoffsteine und -stäbe oder gebogene Röhren. Elegant wirken auch schillernde Perlmuttstücke.
Schauen Sie doch auch einmal in Ihren Schmuckkasten. Vielleicht entdecken Sie eine alte Kette oder eine kaputte Uhr. Die kleinen Zahnräder und Metallteile verleihen dem Schmuckstück ein außergewöhnliches und elegantes Erscheinungsbild. Weiterhin gibt es speziell für Modeschmuck zahlreiche Metallmotive in verschiedenen Farben und Größen. Federn und Pailletten verleihen einem Schmuckstück Leichtigkeit und Lebendigkeit. Auch kleine Spiegelfliesen bieten zahlreiche Möglichkeiten zum Kreieren einer individuellen Brosche oder Kette. In der Natur finden Sie ebenfalls immer wieder neue Anregungen. So können kleine Muscheln oder Muschelteile problemlos mitverarbeitet werden. Bleiben noch die zierlichen Gold- und Silberkettchen zu erwähnen, die meist lose hängend in die Knetmasse eingedrückt werden. Für besonders extravagante und moderne Kreationen bietet sich zusätzlich Gold-, Silber- und Kupferdraht an. Experimentieren Sie einfach – es lohnt sich!

**Mit den verschiedensten Accessoires (Schmucksteine, Perlen, Metallmotive, Muscheln, Federn) lassen sich die Schmuckobjekte individuell gestalten.**
**Lassen auch Sie sich von den zahlreichen Gestaltungsbeispielen, die hier im Buch gezeigt werden, zu eigenen Kreationen anregen**

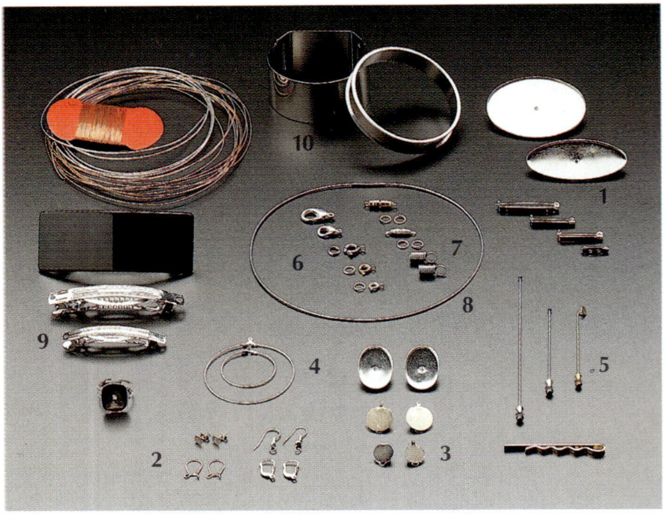


**Schmuckrohlinge in verschiedenen Formen und Größen: Broschennadeln und Broschenplatten (1), Ohrhäkchen (2), Clipse (3), Creolen (4), Ansteck-, Krawatten- und Hutnadeln (5), Federringe mit Ösen, Schraubverschlüsse, Karabinerhaken (6), Rundlederenden, Ösen (7), Halsreif (8), Haarspangen (9), Ringe, Armreifen (10)**

## ZUBEHÖR

Das sonstige Zubehör richtet sich nach der Art der Schmuckstücke, die Sie herstellen möchten. Für Broschen gibt es spezielle Broschennadeln mit einem einfachen Steg oder mit größeren Platten als Klebefläche. Bevorzugen sollten Sie stets Nadeln mit einem Sicherheitsverschluß.
Für fast alle Ohrgehänge benötigen Sie irgendeine Form von Ohrhäkchen. Angeboten werden einfache, gebogene Drahthaken, verspielte offene Bügel mit einer kleinen Kugel daran oder verzierte Verschlüsse. Größere oder schwere Teile sollten Sie auf Clips montieren. Eine beliebte Art des Ohrschmucks ist die Creole. Auch diese erhalten Sie in unterschiedlichen Größen und Formen. Für Anstecknadeln mit einer kleinen Klebeplatte am oberen Ende gibt es verschiedene Ausführungen. Natürlich ist auch etwas für den Herrn dabei, so zum Beispiel Rohlinge für Krawattennadeln in Gold oder Silber.
Das Grundmaterial für Ketten sind Federringe, Schraubverschlüsse, Verschlüsse zum Zuschieben, Karabinerhaken und Rundlederenden. Weitere Gestaltungsmöglichkeiten für Halsschmuck bieten Halsreifen aus Metall. Für Haarspangen gibt es Rohlinge in zwei Größen. Etwas kostspieliger sind fertige Haarspangen, die Sie in jedem Kaufhaus erhalten, und auf deren Oberfläche Sie mit Knetmasse weiterarbeiten können. Rohlinge für Ringe und Armreifen werden ebenfalls im Handel angeboten.

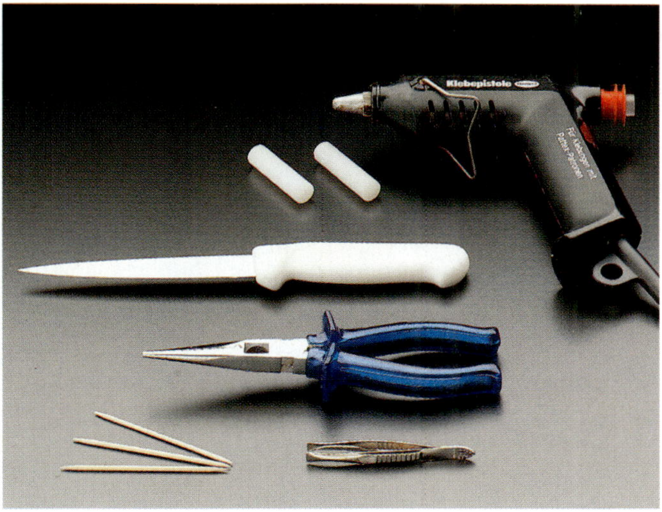


**Für die Schmuckherstellung mit Knetmasse benötigen Sie nur wenig Werkzeug. Sicherlich haben Sie schon einige Teile davon zu Hause**

# WERKZEUG

Zum Modellieren der Schmuckstücke benötigen Sie nur ein Minimum an Hilfsmitteln. Als geeigneter Klebstoff empfiehlt sich Pattex-Sekundenkleber für kleine, völlig plane Flächen (zum Beispiel für Straßsteine), sonst Pattex Kraft-Mix und die Klebepistole mit Heißklebepatronen für das Ankleben von Broschennadeln. Das weitere Werkzeug richtet sich nach der Art der Schmuckstücke, die Sie herstellen und den Accessoires. Am häufigsten werden Sie sicherlich die Flachzange oder die Ösenzange einsetzen. Mit ihrer Hilfe lassen sich Ösen mühelos aufbiegen und wieder sauber schließen. Zum Schneiden von Draht sollte ein Seitenschneider bereitliegen. Es gibt aber auch kombinierte Zangen mit einer Schneide zum Drahtkürzen. Beim Kauf der Zange sollten Sie darauf achten, daß die Backen möglichst dicht schließen und parallel verlaufen. Halten Sie das Werkzeug gegen das Licht.

Hin und wieder benötigen Sie natürlich eine Haushaltsschere (zum Zuschneiden der Lederbänder für Ketten) oder ein Küchenmesser (zum Ausschneiden der Formplatten). Kleine Accessoires (zum Beispiel Pailletten oder Straßsteine) lassen sich leichter mit einer Pinzette aus der Aufbewahrungsschachtel nehmen.

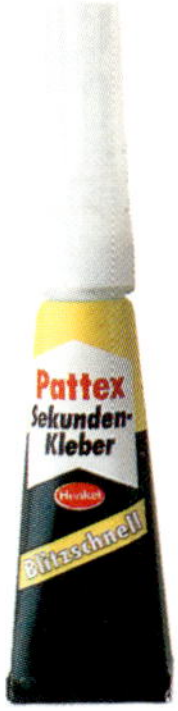

# SCHMUCKHERSTELLUNG

## GRUNDFORM

Schon beim Kauf sollten Sie darauf achten, daß die Knetmasse noch recht frisch (weich) ist. Der Packung entnehmen Sie auch dann immer nur so viel Knetmasse, wie gerade erforderlich ist. Der Rest kann in einer Plastikfolie gelagert werden. Die abgenommene Menge zunächst weichkneten und mit dem Nudelholz auf einer sauberen Unterlage glatt ausrollen.

Auf keinen Fall sollten Sie die spätere Grundplatte des Schmuckstücks zu dünn ausrollen. Am günstigsten ist eine Stärke von 3 bis 4 mm. Anschließend die gewünschte Grundform ausschneiden und auf ein Backblech legen. Das Anbringen der Schmucksteine, der Metallmotive oder sonstiger Dekorationen sollte auf dem Backblech erfolgen.

**Nur soviel Masse entnehmen, wie unbedingt erforderlich ist**

**Die Form ausschneiden und strukturieren**

**Beim Marmorieren werden zwei Farben miteinander verknetet**

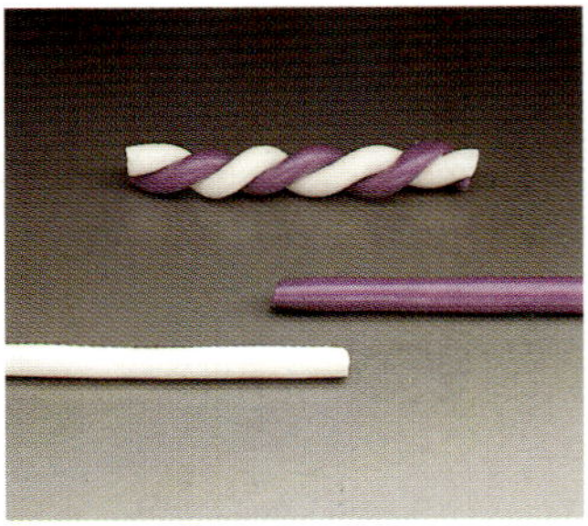

**Zuerst zwei Würstchen formen, diese miteinander verdrehen und verkneten**

## STRUKTURGEBUNG

Besonders schön sieht es aus, wenn Sie eine leichte Struktur in die glatte Grundplatte einarbeiten. Sicherlich gibt es in jedem Haushalt ausreichend Gegenstände, mit denen sich schöne Strukturen herstellen lassen. Gefällt Ihnen ein Muster nicht, so läßt sich die Grundplatte ja schnell und einfach wieder glätten.
Strukturen können natürlich nur in die weiche Knetmasse eingearbeitet werden. Ist das Schmuckstück erst einmal gehärtet, läßt sich nichts mehr ändern. Strukturieren können Sie schon, wenn die endgültige Form des Schmuckstücks noch nicht festgelegt ist.
Rollen Sie einfach eine Grundplatte flach aus, und drücken Sie zum Beispiel mit einer groben Muschel die Struktur ein. Oft ergibt sich erst nach diesem Vorgang die endgültige Form des Objektes. Arbeiten Sie das Schmuckstück wie geplant weiter, natürlich können Sie auch noch eine weitere Struktur eindrücken.

**Die Struktur gleicht den Fasern eines getrockneten Blattes**

**Reizvolle Muster entstehen durch Muscheln**

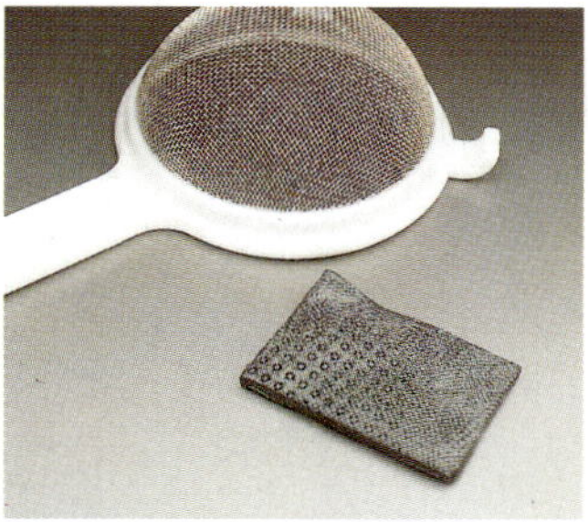

**Feine Strukturen (Teesieb) lassen sich gut mit groben kombinieren**

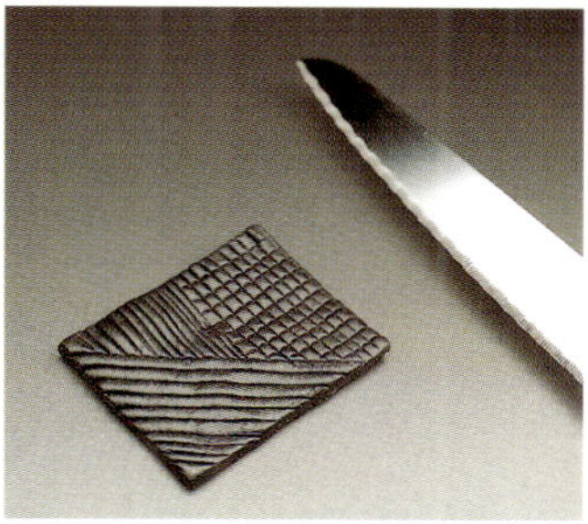

**Küchenmesser eignen sich zum Ritzen von geraden Linien**

## ZUSAMMEN-FÜGEN

Beim Zusammenfügen der Einzelteile ist es wichtig, daß die Knetmasse weich ist, damit sich Schmucksteine und Accessoires leicht in die Platte eindrücken lassen. Sollte ein Schmuckstein dennoch nach dem Backen lose sitzen, kann er mit Pattex-Sekundenkleber oder Pattex Kraft-Mix befestigt werden. Straßsteine gibt es mit abgeflachter Rückseite, diese werden auf jeden Fall nach dem Backen aufgeklebt. Steine mit konisch zulaufender Spitze auf der Rückseite können in die Grundplatte vor dem Backen eingedrückt werden.
Möchten Sie kleine Kettchen mit einarbeiten, so schneiden Sie sich die entsprechenden Längen zurecht. Dann drücken Sie sie leicht an und legen zur Sicherheit noch eine kleine Platte Knetmasse darüber. Um einen Schmuckstein herum können Sie auf verschiedene Art und Weise weiterarbeiten, beispielsweise kleine Blätter formen und andrücken.
Entspricht die Gestaltung des Objektes Ihren Vorstellungen, kann es gebacken – man sagt auch gehärtet – werden. Nach dem Abkühlen werden die noch fehlenden Zubehörteile (Broschennadel) angebracht.

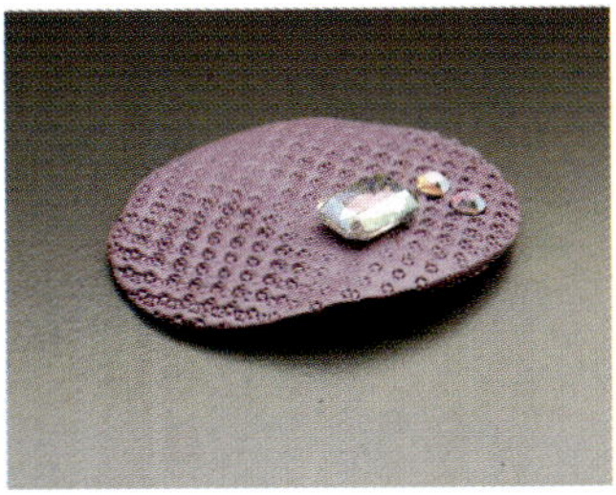

**Die ausgewählten Schmucksteine leicht in die Grundplatte eindrücken**

**Die Formteile durch Probieren auf die gewünschten Stellen aufdrücken**

**Auch Ketten können wie hier mitgebacken werden**

**Die Zubehörteile werden erst nach dem Härten angebracht**

**Ohrring und Brosche sind in zartem Violett und Dunkellila gehalten. Die Struktur wurde mit Hilfe eines Teesiebes und eines Messers in die weiche Knetmasse gedrückt**

# FÄRBEN

Tip: Sie sollten die Farbgebung in jedem Fall auf die verwendeten Schmucksteine abstimmen

**Schwarze und weiße Blätter wurden mit blauem Metallicpulver bestrichen**

**Das Metallicpulver kann zu neuen Farbnuancen gemischt werden**

**Nach dem Backen erfolgt die Farbgebung mit Deka-Lackfarben**

**Die Blätter erhalten ihren Glanz durch die Hochglanzlackfarbe**

Ein besonders reizvoller Aspekt bei der Herstellung von Schmuckstücken aus Knetmasse ist das Färben. Vor allem einfarbiger (weiß, grau, schwarz) Schmuck kann mit kleinen Farbtupfen versehen werden; Schmuckstücke aus farbiger Knetmasse wirken von allein.

Eine Möglichkeit, mit Farbe zu arbeiten, bietet das sehr feine, aber stark deckende Bronzepulver in Gold-, Silber- und Kupfertönen. Bei Metallicpulvern handelt es sich um gröberes Material mit metallischem Glanz. Die Farbpalette erweitert sich auf Blau, Rot und Grün. Die verschiedenen Pulverarten lassen sich auch untereinander mischen. Aus blauem und rotem Metallicpulver ergibt sich ein schönes Violett. Aus rotem

**Das Arbeiten mit Farbe ist bei einfarbigem Grundmaterial zu empfehlen. Bereits vorhandene Strukturen kommen wesentlich deutlicher zum Vorschein. Je nach Geschmack können Sie das fertige Stück kolorieren**

Metallicpulver gemischt mit goldenem Bronzepulver erhalten Sie einen Kupferton. Beide Pulverarten müssen mit einem Pinsel vor dem Backen auf die noch weiche Knetmasse aufgetragen werden. Brillantglimmer hingegen muß auf die gewünschten Stellen gestreut und mit dem Messer leicht eingedrückt werden – das gibt einfach einen „brillanten" Effekt, der kaum zu übersehen ist.

Ein wesentlicher Vorteil der Deka-Hochglanzlackfarben, die stark deckend und wasserfest sind, besteht darin, daß schon gehärtete Schmuckstücke nachträglich eingefärbt werden können. Natürlich sind auch die Hochglanzlackfarben untereinander mischbar.

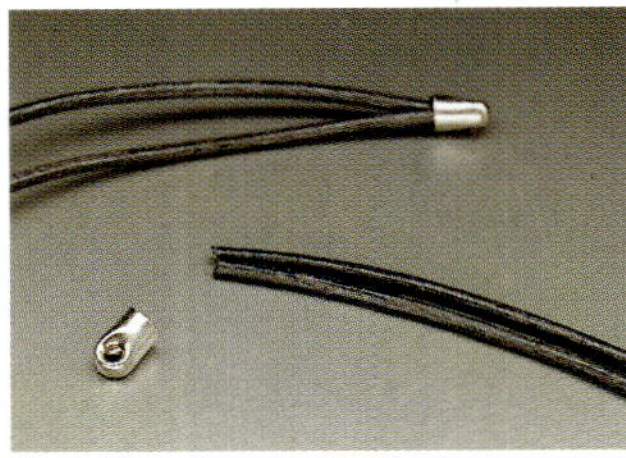

Die Lederenden mit etwas Pattex-Sekundenkleber in den Rundlederenden fixieren

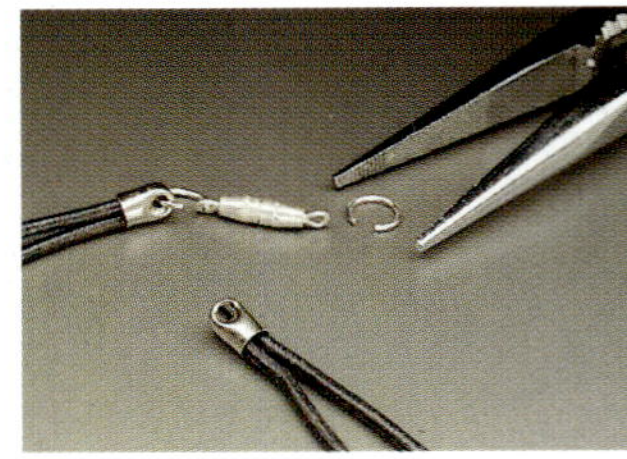

Die Ösen zwischen Verschluß und Rundlederenden zusammendrücken

Auf die Lederbänder können als zusätzliche Dekoration noch Metallröhrchen geschoben werden

Je nach Stilrichtung eignet sich für Ketten Lederband. Sie erhalten es in den vielfältigsten Ausführungen und Farben. Zum Schließen dieser Ketten benötigen Sie Rundlederenden, deren Größe von der Stärke und der Anzahl der verwendeten Lederbänder abhängig ist.

Beinahe unüberschaubar ist das Angebot der Kettenverschlüsse für Gliederketten. Egal ob mit eleganter Note oder als grafische Form, Sie finden zu jedem Schmuckstück etwas Passendes. Für große und schwere Ketten sollten Sie nicht nur aus optischen Gründen einen großen Verschluß kaufen, denn zwischen dicken Kettengliedern zum Beispiel ließe sich ein zu kleiner Verschluß gar nicht greifen. Am verbreitetsten sind wohl Schraubverschlüsse, Federringe und Verschlüsse zum Zuschieben.

Zum Montieren des Verschlusses benötigen Sie zusätzlich Ösen. Hierbei ist es zu beachten, daß diese nicht zu dünn und weich sind.

Bei der Herstellung von Ketten sollten Sie auf jeden Fall Form und Größe festlegen, bevor Sie mit der Ausarbeitung beginnen. Dann können viele verschiedene Accessoires in die Knetmasse eingedrückt werden. Die drei abgebildeten Ketten wurden nach der Fertigstellung jeweils mit Farbpulver bepinselt

## ANSTECK-NADELN

Die Rohlinge für Anstecknadeln erhalten Sie in Bastel- oder Perlenläden. Ansteckrohlinge gibt es in verschiedenen Größen, auch Hutnadeln lassen sich gut zur Schmuckherstellung verwenden.
Der Gestaltung sind keine Grenzen gesetzt. So können Sie die Nadeln mit Streifen aus Knetmasse ummanteln. Möglich ist aber auch, daß Sie eine kleine Platte aus Knetmasse zuschneiden und die Nadel in diese eindrücken. Sie können dann um die Nadel mit kleineren Blättern und einem Schmuckstein das Objekt gestalten.
Krawattenrohlinge bieten die Gelegenheit, ein Schmuckstück für den Herrn zu fertigen, denn der Mann von heute hält etwas auf seine modische Erscheinung.

**Als kleines Präsent bieten sich individuell gestaltete Anstecknadeln geradezu an**

## OHR-SCHMUCK

Zur Herstellung von Ohrschmuck gibt es ebenfalls eine Vielfalt von Rohlingen. So bietet der Handel Clips mit und ohne Öse in verschiedenen Größen und Formen an. In die Öse können mit Hilfe eines Zwischenringes kleine Gehänge eingehakt werden. Ein guter Clip darf nicht vom Ohr rutschen, sondern muß eine straffe Feder haben, trotzdem darf er nicht drücken. Sollte dies nach längerer Tragezeit trotzdem einmal der Fall sein, so läßt sich dies durch vorsichtiges Biegen des Bügels beseitigen.
Für Ohrhänger benötigen Sie Ösen und Ohrhäkchen, die Angebotsvielfalt wurde schon auf Seite 4 beschrieben. Auch hier sollten Sie darauf bedacht sein, daß Verschluß und Schmuckstück in Form und Größe harmonieren.

**Die Schmuckplatte mit Pattex-Sekundenkleber oder Pattex Kraft-Mix befestigen**

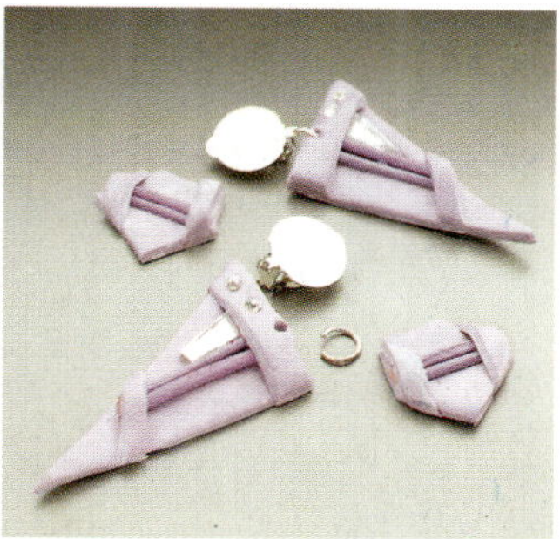

**Durch das Verbinden mit einer Öse läßt sich der Clip zum Ohrgehänge erweitern**

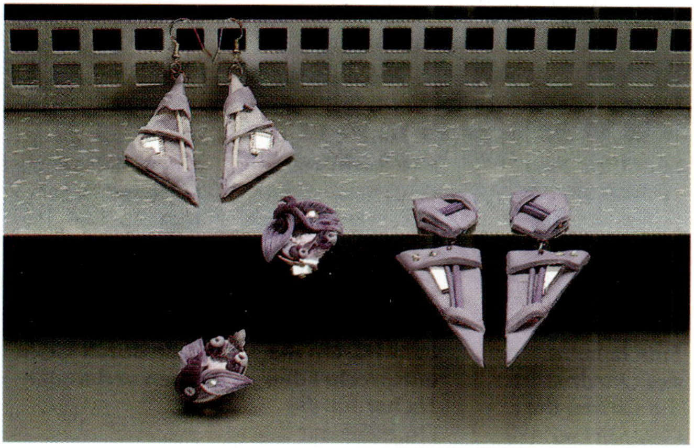

**Schon während des Modellierens sollten Sie daran denken, daß der Ohrclip oder der Ohrhänger nicht zu schwer werden darf**

## OHRCLIPS

Ob Sie den Ohrschmuck lieber klein und dezent gestalten oder auffällig schwer, hängt ganz von Ihrem persönlichen Geschmack ab. Die Beispiele zeigen, daß neben der Farbgebung auch die verschieden großen Schmucksteine, Ketten und Federn die Wirkung des Ohrclip beeinflussen. Bei der Fertigung von Ohrclipsen ist darauf zu achten, daß die gestaltete Knetmasse erst nach dem Backen mit Pattex-Sekundenkleber oder Pattex Kraft-Mix auf die Metallfläche des Clips geklebt wird

## OHRHÄNGER

Für Ohrhänger können Sie zwischen verschiedenen Häkchenformen und den Metallfarben Gold und Silber wählen. Eine beliebte Form des Ohrrings ist die Creole, die ebenfalls schnell und leicht mit Knetmasse dekoriert werden kann. Bei der Anfertigung eines Ohrhängers ist es wichtig, daß vor dem Härten die entsprechenden Löcher für die Drahtöse mit einem Zahnstocher vorbereitet werden. Bei dem blaugrünen Ohrhänger mit Perle wurden jeweils zwei einzeln modellierte Teile durch kleine Ösen verbunden

# RINGE

Zur Herstellung von Ringen werden meist vorgefertigte Metallringe mit Schmuckplatte verwendet. Diese Ringe sind in der Größe verstellbar. Sie können die Knetmasse in die Platte eindrücken oder aber die ganze Platte ummanteln. Anschließend werden Schmucksteine oder andere Accessoires auf die gewünschte Stelle gedrückt. Der Ring sollte nicht zu groß werden, probieren Sie ihn deshalb schon während der Herstellung an

# HAAR-SPANGEN

Bei den Haarspangen ist es wie bei den Anstecknadeln erforderlich, daß das gefertigte Schmuckteil mit Pattex-Sekundenkleber oder Pattex Kraft-Mix erst nach dem Härten auf den Spangen fixiert wird. Zwei Beispiele (die blaugrüne und die etwas größere schwarzweiße Spange) für die Gestaltung in Form und Größe der Grundspange sind auf dem Foto gut zu erkennen. Haarschmuck können Sie aber auch erstellen, indem Sie größere Grundformen, die über die eigentliche Spange hinausragen, zuschneiden. Ein Beispiel ist die violettschwarze Haarspange. Auch größere Plastikhaarspangen lassen sich leicht ummanteln, so zum Beispiel die blausilberne Spange mit aufgesetzten Spiegelteilchen. Auch können modellierte Motive (Rose, Blatt) aufgesetzt werden

# BROSCHEN

Besonders vielfältig sind die Gestaltungsmöglichkeiten bei Broschen. Es gibt fertige Broschenplatten in verschiedenen Formen. Dazu wird die Knetmasse dünn in die Platte eingedrückt und nach Belieben verziert.

Kreativer ist es allerdings, die Form dann selbst aus der ausgerollten Knetmasse auszuschneiden.
Sie können aber auch alles dem Zufall überlassen und einfach verschiedene Streifen und Falten übereinanderlegen. Oft ergibt sich so etwas ganz besonderes

Auch bei Broschen bietet sich das Verwenden von Schmucksteinen oder Metallteilen an. Bei der farblichen Gestaltung sind keine Grenzen gesetzt.
Die Größe der befestigten Broschennadel ist abhängig von der Größe des modellierten Broschenteils. Bei großen Broschen sollten Sie die Nadel im oberen Bereich befestigen

## MODISCHE ACCESSOIRES

**Besonders auffällig wirken Federn in kräftigen Farben. Eine solche Brosche ist das ideale Accessoire für den Strickpullover. Wer gerne Lederkleidung trägt, der hat vielleicht Freude an der glänzenden Brosche und den Ohrhängern. Damit die Maske und Steine richtig zur Wirkung kommen, wurden die Objekte nach dem Backen mit Hochglanzlack bemalt**

Eine besonders harmonische Gestaltung ist bei diesem Set zu erkennen. Entsprechend der Grundform der Metallmotive wurden auch die modellierten Teile gefertigt. Aufgegriffen wurde aber nicht nur die Blattform, sondern auch die Blattstruktur, die sicherlich den optischen Akzent setzt

## DISKO-SCHMUCK

Anhand dieser ausgefallenen Schmuckstücke wird die Vielfalt der Farben und Verwendungsmöglichkeiten der Knetmasse besonders deutlich. Hier wurden die Farben Neongelb, Neongrün, sowie Neonrot und Neonpink verarbeitet. Gerade diese Modefarben sprechen junge Bastler an. Die Vielfalt der Farben läßt sich durch Mischen und Marmorieren noch erweitern

Solch bunte Schmuckstücke wirken allein durch ihre Farbgebung, so daß sich die Verwendung von Schmucksteinen erübrigt. Dies soll aber nicht bedeuten, daß Spiegelstücke oder andere Accessoires nicht doch noch besondere Akzente setzen könnten

# MEHRTEILIGE KREATIONEN

Dieses Set besteht aus schwarzer Knetmasse, die mit blauem und silbernem Farbpulver bestrichen wurde. Auf diesen Grundfarben kommen die silbernen Uhrenteile besonders gut zur Geltung. Sie sehen, daß es durchaus vorteilhaft ist, möglichst viele verschiedene Kleinteile aufzubewahren. Oft findet ein zunächst unscheinbares Schmuckstück noch Verwendung

Bei diesem Set wurde hauptsächlich mit Blau- und Grüntönen gearbeitet. Ausgangspunkt dafür waren die in diesen Farben vorliegenden Schmucksteine. Als Grundmaterial diente schwarze Knetmasse. Durch das Verfalten einzelner Streifen erhalten Sie eine Oberfläche, die lederähnlich aussieht

# BEZAUBERNDE EINZELSTÜCKE

Je mehr Erfahrung Sie im Umgang mit der Knetmasse und den Farben haben, desto individueller werden auch Ihre Kreationen. Versuchen Sie ruhig einmal, verschiedene Kleinteile, die sich sicherlich in Ihrer Bastelkiste befinden, in die Planung und Gestaltung Ihrer Schmuckstücke mit einzubeziehen

Aus dem Spiel mit der Knetmasse, dem bewußten oder unbewußten Aufsetzen verschiedener Steine, Metallteile und Federn ergeben sich ansprechende Einzelstücke, die zum Verschenken viel zu schade sind